さよたんていの　おなやみ相談室

さよたんていの　おなやみ相談室

【目次】

さよふしぎたんていしゃ設立のおはなし　4
家族や人間関係の相談　9
職場や仕事の相談　69
恋愛の相談　103

日々の生活の相談 147
その他のいろいろな相談 205
さよたんていからの逆調査依頼 68・102・146・204・250
さよへ――あとがきにかえて 252

※調査依頼人・調査人の年齢は依頼当時のものです。
また依頼内容は原文のまま掲載しています。

さよふしぎたんていしゃ
設立のおはなし

さよふしぎたんていしゃ
設立のおはなし
2019年のある日・・・
さよ 小学3年生（当時）
いいこと思いついた！
さよふしぎたんていしゃ
できた!!
なんか依頼ちょうだいっ！
さよふしぎたんていしゃ どんなおなやみもかいけつされます
おーかあさ〜ん
それから家庭内でのやりとりが続きましたが・・・

あ〜あ、今日もちょうさいらいがなかったな。つまんな〜い！
もう依頼するネタがないよ〜
そこで、お母さんはお友達のハスイさんに相談しました。するとハスイさんが山のように依頼を集めてくれました。
おねがいします!!
わかりました!!
調査依頼書
依頼書
さらに知人のアドバイスでインスタグラムのアカウントを開設し…
SURF PUNKS
集まった調査内容をまとめてハスイさんと自費出版しました。

○○ニュース
さよ たんてい
さよたんてい
○×新聞
NET NEWS
さよたんてい
ビックリ!!
すると、新聞やテレビで話題になり大人気に!!
「これを書籍化しませんか?」とたくさんの出版社から提案がありました。
mail
○○社
本にしませんか?
○○出版
さよたんていの本を出しませんか?
どうしよ…
それならワクダさんにお願いしたいんですが…
いいっすよ〜!!
そうしてこの本ができました。ぜひたのしんでください!!
おもしろいよ!!
さよたんていのおなやみ相談室

家族や人間関係の相談

【調査報告書】

さよふしぎたんていしゃ

依頼人:サイトウ　aoni

依頼人情報:23歳

調査人：さよたんてい

調査人情報：8歳

調査日：　6月30日　（トランジスタの日、大祓）

調査結果：かいけつずみ

依頼内容

ツイッターと現実とでみんな人柄が違うので怖いです。
どっちを信じればいいですか？

どっちの人がらもうそです。
あなたが思う人がらがほんとうです。

ご依頼いただきありがとうございました！

【調査報告書】

さよふしぎたんていしゃ

だまらせるニャー!

依頼人:ケロさん

依頼人情報:アラウンド還暦

調査人：さよたんてい

調査人情報：９歳

調査日：　11月9日　（ベルリンの壁崩壊の日）

調査結果：かいけつずみ

依頼内容

夫が神経質な奥さんのように小うるさく、
例えば椅子に座っただけで「落ちるな」と言われ、
庭に出ようとすると「そんな恰好だと蚊に刺されるぞ」など、
わかっているのにいちいち細かいです。
どうしたら良いでしょう？

しんぱいしてくれてありがとうと
いいましょう。
それでもまた言われたら
だまれといいましょう。

ご依頼いただきありがとうございました！

【依頼内容】

やめてと何度も言っているのに、
夜、夫がソファでスマホをいじりながら寝てしまいます。
風邪をひいても同じことを繰り返します。
どうしたらちゃんと布団で寝てくれますか？

ままちゃん　34歳

【調査報告】

ソファの上に布団をしいてあげてください。

しんしつに
ソファを
おいたら?

【依頼内容】

周りの子が人間関係を気にしすぎている。
僕が能天気なだけなのだろうか？

もつなべ　21歳

【調査報告】

あなたが気にしすぎ
なのでは?

なるようになる
ニャー!

【依頼内容】

なんでも話せる友達ってみんないるものなんですか？

エリカ　17歳

【調査報告】

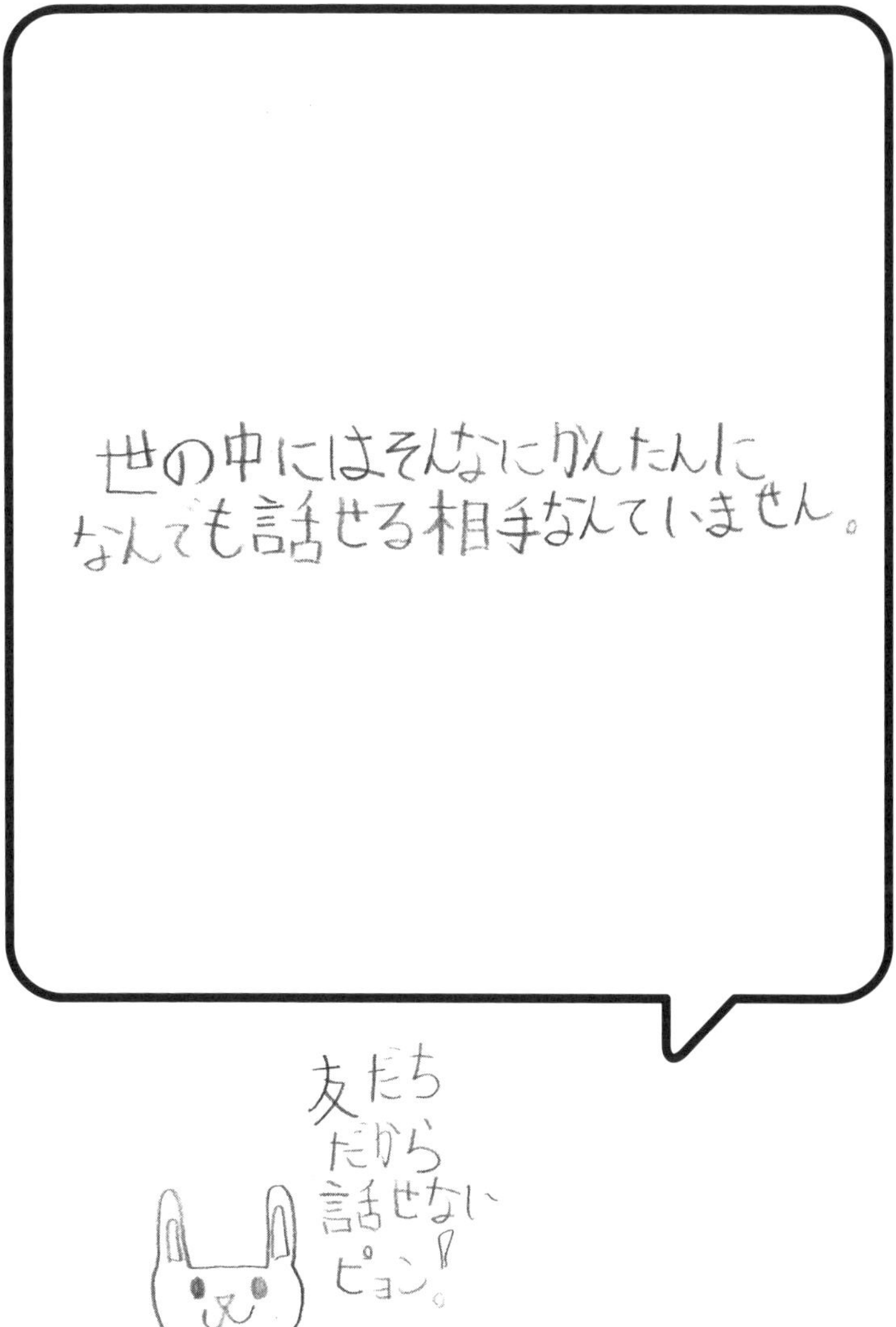
世の中にはそんなにかんたんになんでも話せる相手なんていません。
友だちだから話せないピョン！。

【依頼内容】

毎年夏場はクーラーの温度でパパさんと意見が合いません。
パパさん↓18℃設定、モモンガ↓26℃設定。
パパさんの設定温度が寒すぎます。
どうしたらいいですか？

モモンガα波　44歳

【調査報告】

パパさん…はだか
モモンガさん…ダウンジャケット
20℃設定でいけそうです。

それか
べつべつの
部屋で!

【依頼内容】

4歳の息子が毎日元気すぎて体力を削られてます。
どうしたらこどもと同じように元気でいられますか？

みき　31歳

【調査報告】

いせいのいいかけ声とへんじを
心がけてください。
息子がさわぎ始めたら
それよりも大きな声でりょうかいです!と言う。

気持ちは
負けないで!

【依頼内容】

姑が毎晩お酒を飲んでへべれけになります。
絡んできてウザいです。
どう対応したらいいでしょうか?
関係を悪くしたくはないです。

匿名 40歳

【調査報告】

おすもうごっこといってなげとばしましょう。

毎日のんだら
だめニャ！。

【依頼内容】

親とむっちゃケンカするんですけどどうすればよいですか？

古川　22歳

【調査報告】

①あやまる

②まどをあけてしんせんなくう気をいれる。

③家出するかもという。

④今までありがとうございましたと手紙をかく。

【依頼内容】

女の子と喋る時に自分を出せず緊張してしまい友達ができません。友達が欲しいです。

古寺　17歳

【調査報告】

友だちがいなくても
だいじょうぶですよ。
自分をたいせつにして
ください。

【依頼内容】

嫁がすぐキレます。

やす　31歳

【調査報告】

①目をとじておわるのをまつ。
②キレはじめたら何かあまいものを
わたす。
③ダンボールで小さなお家を作り
キレはじめたら「じゃあまたあとで」といって
こもりましょう。

おわったら
よしよしして
あげて！

【依頼内容】

お世辞である事は承知していますが、
見た目を褒められた時、(※具体的には美人だね、とか
その他私の体のパーツに関わることへの称賛)に
何と返せばいいか分からなくて困っています。
そういった際に適切な対応はありますか?

匿名希望　21歳

【調査報告】

「あなたのお気持ちさっします。」
と伝えましょう。

もっと
よろこん
で!

【依頼内容】

都合の良いときだけ電話をかけてくる友達に困っています。
どうしたらいいですか。

ゆっち　19歳

【調査報告】

あなたも都合の良いときだけ
電話に出たらいいです。

電話って
そういうもの
だニャー!

【依頼内容】

ご飯とか遊びに友達を誘いたいのですが、
断られるのが怖くて誘えず、
結局ひとりで出かけてしまいます。
本当は誰かと行きたいです。
でも断られるのが怖いです。
この葛藤どうすればいいですか？

はまち　？歳

【調査報告】

・わたしはひまです。
・きらいなたべものはありません。
・人といるのがすきです。
これをつたえてようすをみましょう。

わたしといたら楽しいよ!

【依頼内容】

新鮮な刺身を買ってきて夜食にしようとしたのに、
親が勝手にオイル漬けにしてしまっています。
この前は勝手に焼かれていました。
どうやったら親が勝手に魚を触らなくなりますか？

名探偵エボラ　？歳

【調査報告】

①マジックでさしみに「エボラ」とかく。
②自分のへやの高い所にさしみをおいておく。
③親にかってにさわらないでという。

かってきたら
早くたべろ
ニャー!

【依頼内容】

彼氏がなかなか会ってくれません。
「LINE毎日してるからいいじゃん」というのです。
なんとか反論したいです。

まぁちゃん
27歳

【調査報告】

顔をみて話がしたいといいましょう。
明日どうなるかわからないので
今日だけおねがいしますといいましょう。
あったときにスマホをこなごなにしたら
あうしかなくなります。

ラインやりすぎ
ピョン！

【依頼内容】

高校生の弟がいるのですが、弟のほうが出来が良いので親に高校生の時の自分と比べられるのが悲しいです。どうしたらいいですか？

ロン　18歳

【調査報告】

それがげんじつです。
弟をほめてあげられる
おねえさんになりましょう。

今おやに
ほめてもらう
ニャー!

【依頼内容】

2才年上の姉の本当の心からの自立を望んでいます。
私の姉として姉らしく存在してほしいと願っています。
私は今のまま生温かく見守る方向性であっていますか・・？

妹　33歳

【調査報告】

お姉さんだからみんなしっかり
しなきゃいけないわけではないと思います。
お姉さんがどう存在したいかです。
いまのまま見守りましょう。

あなたは
自立してる
かニャー？

【依頼内容】

彼氏の人生がギャンブルです。
どうしたらいいですか？

めろ　34歳

【調査報告】

かちつづけられるように
いつもおいのりしてあげ
ましょう。

【依頼内容】

友だちができても、みんな去っていきます。
さみしいです。

お菓子　35歳

【調査報告】

去っていく友だちにさみしいですと
すなおにいいましょう。
本当の友だちは去っていか
ないと思います。

【依頼内容】

もうすぐ赤ちゃんが生まれます。
まだ、お父さんになる覚悟ができません。
どうしたらいいですか?

父

47歳

【調査報告】

お母さんも覚悟できてない
かも知れません。
まずはお母さんを手伝って
あげてください。

家族を
えがおで
守って!

【依頼内容】


夫がちょっとしたことで不機嫌になり、怒りっぽくて困っています。

「今は不機嫌じゃないかな…怒らせないかな…」と毎日顔色を伺って疲れてしまいました。

でも好きな所もたくさんあるので別れたくはないです。

どうしたら顔色を伺わず過ごせるでしょうか？

ひなこ　29歳

【調査報告】

機嫌が悪くなる理由を
聞いてみてください。
おこりだしたらせなかをトントンして
あげたらおちつくと思います。

かってに
おこっていると
思っている
だけ
かもニャー!

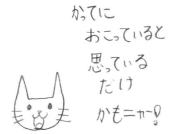

【依頼内容】

彼氏の隣で寝ていた時、
自分のおならで目を覚ましてしまいました。
彼氏は起きなかったのですが、
またいつおならで目を覚ますか怖くて上手く眠れません…。
何か良い策はないでしょうか。

ぼら美
21歳

【調査報告】

①別々の部屋でねる。

②耳せんをしてねる。

③起きてるときに私ねてるとき
こんなときもあるよと
彼氏の前でおならをする。

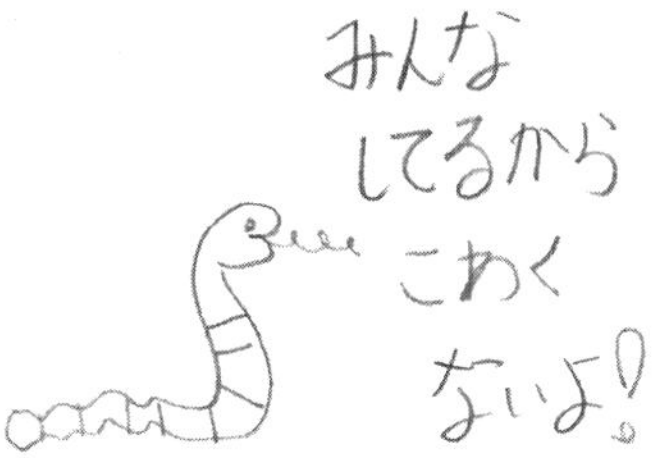

【依頼内容】

妻は料理の際、塩や砂糖など調味料をすくったスプーンを棚の上に置きっぱなしにするクセがあります。塩や砂糖が棚の上に散らばっても拭きません。小さなことですが見るたびにイライラします。妻にクセを直してもらうのは無理そうなので、自分の気持ちを変えて乗り切りたいです。どうしたらイライラせずに済むと思いますか？

あた
38歳

【調査報告】

①料理を作ってもらってるので
かたづけはあなたが引き受ける。

②「今日もたなの上がめちゃくちゃだぞ」と
言ってよしよしする。

どちらにしますか?

イライラ
しないで
ニャー!

【依頼内容】

大崎さんが、お客さんを変人だって言うんですが、
自分が一番変人なくせに、そんなこと言っていいんですか？

みうら 20歳

【調査報告】

みんな人とちがっているので
一番とかはないと思います。

大崎さんって
だれ?

【依頼内容】

大切な友達を怒らせてしまいました。
私の事嫌いになったかも…仲直りしたいです。

きーちゃん　52歳

【調査報告】

あなたは大切な友達なので
仲直りしたいですと
伝えましょう。

友達なら
きっときらいに
ならない

よ!

【依頼内容】

小学2年生の息子が話をきちんと聞いてくれません。毎日けんかになります。どうしたらいいですか？

サミー37
48歳

【調査報告】

あなたはむすこの話をきちんときいていますか?

むすこがどうしたいか先にきいてあげてください。

きき上手!

【依頼内容】

弟が結婚してから1年程連絡もなく帰省しなくなりました。奥さんに家族のグループLINEをしたら退会していました。連絡が全く取れません。どうしたらよいですか？

飛んでブーリン　32歳

【調査報告】

①れんらくがないことを受けとめる。
②生きてることを信じる。
③本当のたんていにそうだんする。

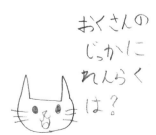

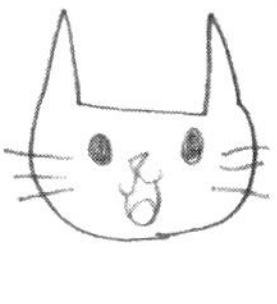

【依頼内容】

私はみんなが思っているより冷たい人間なのに、
優しいと言われてしまいます。
どうしたらいいでしょうか？

のどか　20歳

【調査報告】

自分でそう思ってるあなたは
やっぱりやさしいと思います。
みんな口でいってるだけかも
しれないですよ。

本当のところ
どうなの？

【依頼内容】

陰で根拠のない噂話を流されたんですが、
どうしたら良いですか？

りりこ　31歳

【調査報告】

「いろいろありますがわたしは元気ですよ。」と流しましょう。

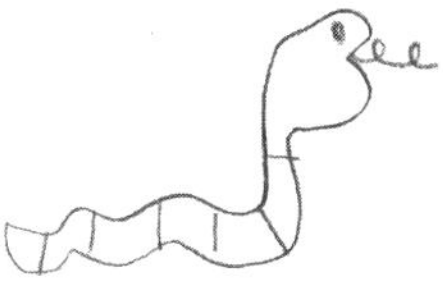

そのうち
みんな
わすれる
よ!

さよたんていからの
逆調査依頼

【依頼内容】

お母さんとお出かけすると
ちょっとここも見ていい？と
行き先がどんどんふえるのが
めんどうです。
どうしたら行き先を ひとつに
してくれますか？

さよたんてい 11歳

【調査報告】

「じゃあ、私は先に行ってるね」と別々に行動してみてはどうでしょう？もしかしたら、ついて来てくれるかも？

藤原 幸司　デザイナー

職場や仕事の相談

【調査報告書】

さよふしぎたんていしゃ

ぜんぶろうじんだニャー!

依頼人:アカマツ

依頼人情報:39歳

調査人：さよたんてい

調査人情報：8歳

調査日：　6月30日　（トランジスタの日、大祓）

調査結果：かいけつずみ

依頼内容

病院で働いてるんですけど、おじいちゃんおばあちゃんの顔が
ぜんぶ一緒に見えます。
どうやったらみんなを覚えられますか？
（毎日４００人くらい来ます。）

ぜんぶいっしょに見えていいです。
ぜんぶ人間ですから。

ご依頼いただきありがとうございました！

【調査報告書】

さよふしぎたんていしゃ

大人になったらね!

依頼人:まりやパパ

依頼人情報:55歳

調査人:さよたんてい

調査人情報:9歳

調査日: 6月13日 (小さな親切の日)

調査結果:かいけつずみ

依頼内容

新聞社に勤めています。さよたんていに入社してもらい、
「さよたんていのお悩みそうだん」コーナーを担当してもらいたいです。
引き受けてもらえますか。

学校があるのでなかなか
むずかしいです。
もうしわけございません。

ご依頼いただきありがとうございました!

【依頼内容】


小学生の頃、テストで100点に近い点数を取らなければ親に叱られました。

あまり勉強が得意ではなく、毎回80点前後だったので親に叱られるのが嫌でテストを自分の机に隠していました。

それが癖になってしまったのか、
アルバイトでは確実にお店に言わないといけないようなミス以外の小さなミスを隠してしまいます。

(他にも隠せそうなミスなら半分くらいは隠してしまいます。)

ダメだとわかっているのですが。

僕はどうすればいいのでしょうか。

匿名希望　20歳

【調査報告】

お店に言わないといけないミスは
ちゃんと言っているからべつにいいと思います。

わたしは算数テストで46点だったので
どこかにかくしました。

かくしちゃ
えよ！

【依頼内容】

仕事柄メールをいっぱい送らないといけないんですけどメールを書くのが苦手です。どうしたらよいですか？

きゆさだ　27歳

【調査報告】

・ありがとうございます
・よろしくおねがいします
・いかがですか?
この3つを使いこなせば
だいじょうぶです。

大切なこと
は口でいう!。

【依頼内容】

仕事の休みの曜日が決まっていません。
友達と遊ぶ約束がしにくいです。

イチヤナギ　32歳

【調査報告】

月〜日までそれぞれ
休みの人と友だちに
なれば毎日だれかが遊べます。

だれとも
遊ばないのもアリ！

【依頼内容】

47歳の上司が仕事ですぐにミスをし、
それを隠し、バレると助けを求めてきます。
毎回その尻拭いを僕がしているのですが、
同じ間違いを繰り返します。
どうすれば良いでしょうか？

サラリーマン　29歳

【調査報告】

むしろそれがあなたの
しごとなんだと思います。
うけとめましょう。

おしごと
がんばれ

【依頼内容】

休みの日に友達誰からも連絡がきません。
暇です。寂しいです。
どうしたらいいですか?
ちなみに月20日休みです。
正社員です。

田中　42歳

【調査報告】

休みすぎです。
わたしがひまなとき
あそんであげてもいい
です。

【依頼内容】

今、私の職場ではとってもイヤな上司がいて悩んでいます。
不公平で理不尽な扱いを受けて、
どんなときでも頭に浮かびつらいです。
どうしたら良いでしょうか…？

主婦パート　40代

【調査報告】

いやだと思ったらおり紙で
つるをおりましょう。千羽たまったら
いままでおつかれさまでした。お元気で
と言って上司にわたしましょう。

ねがいを
こめて!

【依頼内容】

2019年7月息子を出産しました。
息子が可愛すぎて仕方ありません。
仕事中にも関わらず寝顔や笑顔が頭から離れません。
どうしたらいいでしょうか?

匿名　40歳

【調査報告】

むす子のために
じごとにしゅう中してください。

家ではたら
けば？

【依頼内容】

お仕事をしている時に、痩せようと思っているのに
どうしてもお菓子を食べるのが我慢できなくて
たくさん食べちゃいます。
どうすればお菓子を我慢できますか？

もりみー　26歳

【調査報告】

①おしごとをやめる。
②やせようと思わない。
③おかしをかわない。

きっとや
せない
ピョン!

【依頼内容】

僕は掃除をする仕事をしています。
10年やってますが未だ掃除が嫌いなんですが、
どうすれば好きになれますか？

ヤス
34歳

【調査報告】

10年もやってるからすきとかきらいとかかんけいなくそうじできると思います。きたないせかいをきれいにしてくれてありがとうございます。

【依頼内容】

4月から社会人になりました。
仕事に刺激がなく毎日つまらない日々を送っております。
どうしたらいいですか？

匿名　22歳

【調査報告】

つまらない日々になれましょう。

そういうもの
だニャー!

【依頼内容】

仕事から帰ったらすぐに寝てしまいます。
どうしたら良いですか？

中井
26歳

【調査報告】

しごとがおわったら
ライブにいって目をさまして
帰りましょう。

【依頼内容】

一緒に働いている人が働いてくれません、
どうしたらいいでしょうか…

なつみ　25歳

【調査報告】

・役わりぶんたんをする。

・やらないといけないことを先にやってもらう。

・働かないことを受け入れる。

働き方は
人それぞれ
…

【依頼内容】

話が長くておもしろくない先輩にいらいらしてしまいます。
そんな先輩に心乱される自分もなさけないです。
どうしたらいいですか？

サトウ　27歳

【調査報告】

先ぱいに話が長い人がいて
こまっていますとそうだんしてみたら
どうですか?

先におちを
言ってもらう
ニャー!

【依頼内容】

自営業からサラリーマンになりました。
毎日ふらついていたので毎日会社に行くのが辛いです。
どうしたらいいですか?

朝野　31歳

【調査報告】

また自営業になったらどうですか?
会社の中で楽しいことや会いたい人を
見つけるのもオススメです。
私は毎日学校にいってるけど
そうしてます。

そのうち
なれる
よ!

【依頼内容】

仕事で、部下の年上の老人が多いんですが、年下の女の子にいろいろ言われたくない。と思う人が多いです。仕事をしっかりしてくれれば問題はないんですが、全く出来ない人ばかりです。どうしたら、話を聞いてもらえますか？

嶺緒　26歳

【調査報告】

仕事をしてもらうとき、

「おそれいりますが」

「大変もうしわけないのですが」

と言ってから指示しましょう。

さよたんていからの
逆調査依頼

【依頼内容】

どうして大人は
なやみが
多いのですか？

さよたんてい 11歳

【調査報告】

あたまでっかちになって
色々考えてしまうからではないでしょうか？

鈴木 裕之 イラストレーター

恋愛の相談

【調査報告書】

さよふしぎたんていしゃ

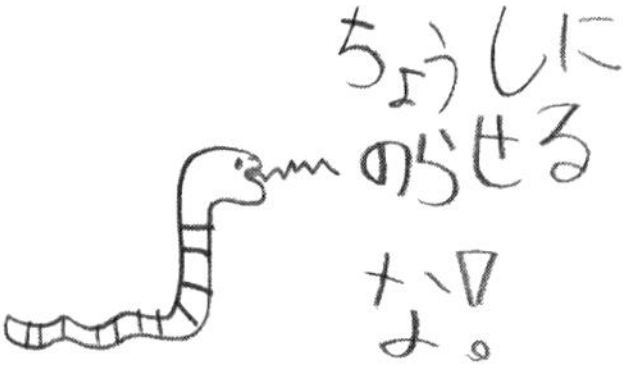

依頼人：はーちゃん　女

依頼人情報：21歳

調査人：さよたんてい

調査人情報：９歳

調査日：　1月31日　（愛妻の日、生命保険の日）

調査結果：かいけつずみ

依頼内容

私が選んだ男性はいつも最初はいい人でだんだん悪い人になります。
見る目を養いたいのですがどうしたらいいですか？

さいしょから悪い人間
なんていません。
あなたがそうさせてます。

ご依頼いただきありがとうございました！

【調査報告書】

さよふしぎたんていしゃ

すきじゃないといいましょう。

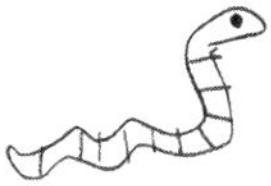

依頼人:すみれ　女

依頼人情報:32歳

調査人：さよたんてい

調査人情報：９歳

調査日：　1月12日　（スキーの日）

調査結果：かいけつずみ

依頼内容

好きでもない男性からfacebookのメッセンジャーから連絡がどんどん来て、
返事をしないと落ち着かないタイプなので疲れます。
どうしたらいいですか？

①全部しょうちしましたとへんじする。

②空の写真を送っておちつかせる。

③メッセンジャーをやめる。

ご依頼いただきありがとうございました！

【依頼内容】

全身タトゥーのイケメン（バツ2）とローンの組めないデブ（元筋肉）、どちらと結婚すればよいですか？

ルーシー　37歳

【調査報告】

ローンの組めるイケメンを
さがしましょう。

けっこんしない
のもアリ！

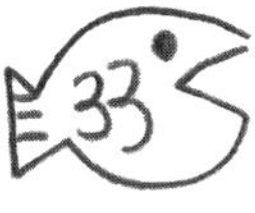

【依頼内容】

2人の人間のことを異性として好きになってしまったら
どうしたらいいですか？

もろみ　23歳

【調査報告】

・たべ物のすききらいが同じ方をえらぶ

・いやとかめんどくさいといわない方をえらぶ

・かおがかっこいい方をえらぶ

とりあえずどっちにもすきといってみましょう。

むこうがすき
とはかぎら
ない
ニャー!

【依頼内容】

コロナでまったく出会いがなくなり、将来が不安です!

りーちゃん　35歳

【調査報告】

出会いがなくなったのは
コロナのせいではありません。
今出会ってる人を
もっと大切にしていきましょう。

友だちの
友だちの
友だちとか…

【依頼内容】

結婚している人を好きになってしまいました。

ちんたん　34歳

【調査報告】

好きになっていいと思います。
その人があなたを好きかどうかは
またべつの問題です。

好きに
なるのは
自由だ

ニャー!

【依頼内容】

好きなアイドルを見ているのが楽しすぎて、好きな人ができません。彼氏が欲しいです。

みひこ　22歳

【調査報告】

本当に好きな人ができたら
その人があなたのアイドルです。

彼氏に
なるかは
べつの
こと!

【依頼内容】

自分の相手に対する好きが
本当に好きなのかが分からなくて不安です。
相手が自分のことを好きでいてくれているのかも
不安になってよく考えてしまいます。

つみきちゃん　25歳

【調査報告】

目に見えないので
しんじましょう。

きっとすき

だよ!!

【依頼内容】

男として自信が持てません。
どうすればいいでしょうか?

アカシ deserve to die 25歳

【調査報告】

あなたのことがすてきだと
思っている人がいることに
気がつけるようにまわりを
かんさつしてください。

男らしさ
ってなに?

【依頼内容】

運命の人はいつ現れるのでしょうか。

菅野　19歳

【調査報告】

いつ現れるのかは
わかりません。
だから運命なんじゃ
ないですか？

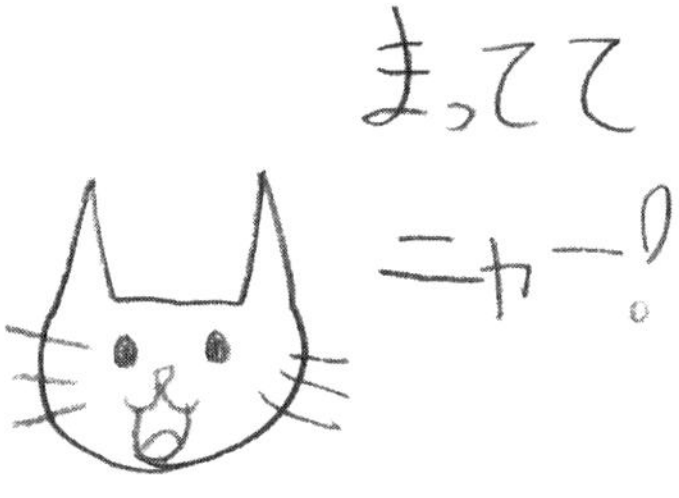

【依頼内容】

僕は同性を恋愛対象として見ています。
おかしいと思いますか？

お昼寝　19歳

【調査報告】

おかしくないです。
みんな同じ人間です。

好きは
平どう!

【依頼内容】

どうやったら彼女ができますか？
松下奈緒が好みです。

ブラストビート　31歳

【調査報告】

松下なおさんとはつきあえません。
1人でつよく生きてください。

おみあいするピョン!

【依頼内容】

彼氏と別れたんですがまだ好きです。
どうしたら良いですか？

ミズハラ　20歳

【調査報告】

すきなのになぜわかれたんですか？

わかれてないことにしましょう。

【依頼内容】

10年付き合っている彼氏がプロポーズしてくれません。
どうすればいいでしょうか。

りんりん 28歳

【調査報告】

次のデートのときに
これを切りとってわたしてください。

○をつけてね
けっこん
する ・ しない

次のデート
 楽しみ!

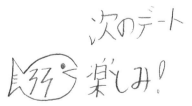

【依頼内容】

結婚しているのですが、別の好きな人が出来ました。
どうしたらいいですか？

パパ　28歳

【調査報告】

「結婚しているのですが、
別の好きな人が出来ました。」
とおくさんに正直に伝えましょう。

どうしたら
いいか
おくさんに

聞いて！

【依頼内容】

デートの約束を彼氏がすっぽかします。
今日で3度目です。悔しくて涙が止まりません。
謝ってはくれるのですが、電話には出てくれません。
わたしは彼氏がだいすきですが、
将来結婚のことを考えると不安です。
でも彼がいないと、生きる意味はありません。
なにか励ましのひとことをください。

寝起きのくさの　25歳

【調査報告】

約束しなくても会えるのが
彼氏です。
いっしょにすんだらどうですか？

理由を
聞く
ピョン!

【依頼内容】

告白したのですが、返事が半年以上ありません。

まりあ　?歳

【調査報告】

半年後に

「私たち今日で一年だね」と

ご飯にさそってみてください。

【依頼内容】

温泉大好きなわたしにナイショで
遠距離の彼氏が一人旅でイイ温泉を予約していました。
私のこの悲しみをどうすればいいのでしょうか？

うにこ　46歳

【調査報告】

あなたといっしょに行くために
下見したんだと思います。
あなたはあなたでイイ温泉を
さがしておきましょう。

私も
温泉が
大好き
ニャー!

【依頼内容】

彼氏の口がくさくて虫歯だらけです。
どうにかして歯医者に行かせたいのですが
病院嫌いで困っています。
やんわり傷つけずに伝える方法を教えてください。

とくめいぽん　29歳

【調査報告】

会わせたい人がいるのと言って
次のデートは歯医者さんで
待ち合わせしましょう!

たんじょう日
プレゼントは
リステリン!

【依頼内容】


私はおもしろい話をすることが好きです。

なにかおもしろいことを言うと女の子たちは話し上手だね、とすごく笑ってくれるのですが、男子にはあまりモテません。

身だしなみにも気をつけているし、意地悪なこともしたりしません。

おもしろい話をする自分を封印しないと誰にも好きになってもらえないんじゃないかと少し落ち込んでいます。

エキゾチックなねこ
20歳

【調査報告】

おもしろい話ってどういうお話ですか？
自分の話よりも男子の話を
聞いてあげてください。

笑わせる
よりも
笑ってあげて。

【依頼内容】

私の問題は全く考えず、
自分のことしか考えない彼氏と別れるべき？

てい 23歳

【調査報告】

あなたは彼氏の問題を
考えていますか？
2人の問題だと思えるから
つきあってるんじゃないですか？

まったく考えない
彼氏って
どうなの？

【依頼内容】

愛している人に裏切られた事があるのですが、思い出すとどうしても赦すことができません。どうしたら良いでしょうか？

ひろし　49歳

【調査報告】

ゆるさなくていいです。
これからうらぎられなかったら
それが本当のたいどだと信じましょう。

ひろです…
ゆるせません
ひろです…

さよたんていからの
逆調査依頼

【依頼内容】

学校で友達がうるさく
しているとき、心の中で
静かにしてほしいなと思っても
言えません。
どうしたら静かにしてくれますか？

さよたんてい 11歳

【調査報告】

①図書室に連れて行って遊ぶ
②いつもより1メートル下がって会話する
③相手が話し続けて疲れるのを待つ

ハスイさん

日々の生活の相談

【調査報告書】

さよふしぎたんていしゃ

依頼人：クニヒロ

依頼人情報：21歳

調査人：さよたんてい

調査人情報：8歳

調査日：　6月21日　（冷蔵庫の日、スナックの日）

調査結果：かいけつずみ

依頼内容

痩せたいけれどお菓子を食べてしまいます。
どうやったらお菓子を食べるのをやめられますか？
カントリーマアムとチョコパイが好きです。

カントリーマームおいしい
ですよね。むしばになったら
やめられます。

ご依頼いただきありがとうございました！

【調査報告書】

さよふしぎたんていしゃ

人生にいみなんてない!

依頼人:山田 男

依頼人情報:19歳

調査人:さよたんてい

調査人情報:9歳

調査日: 5月10日 (母の日、ファイトの日)

調査結果:かいけつずみ

依頼内容

借りてる賃貸のベランダから身を乗り出すだけで、
人生が終わってしまう事を想像します。
そんな人生に意味があるのでしょうか。

おへやに入るときに
人生はつづいていると
思うから大じょうぶです。

ご依頼いただきありがとうございました!

【依頼内容】

自分が準備する時間を読めずに
待ち合わせなどで遅れてしまいます。
どうすればよいですか？

マキタ　29歳

【調査報告】

まち合わせをしなければいいです。

大きな時計を買えばいいニャー

【依頼内容】

温泉が好きです。
しかしタトゥーが入っていてサウナを追い出されます。
どうしたらサウナにゆっくり入れますか？

マナブ　36歳

【調査報告】

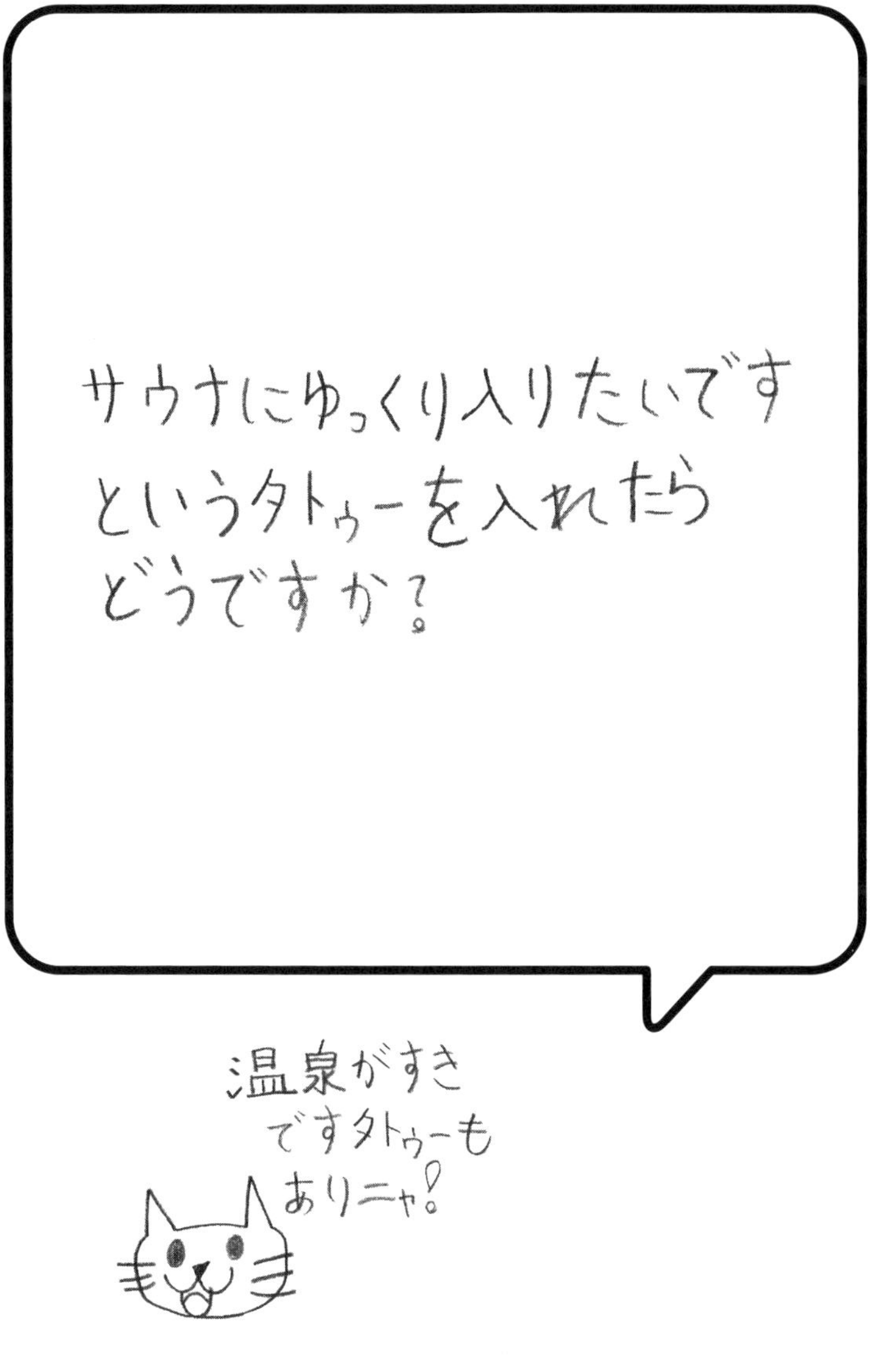
サウナにゆっくり入りたいです
というタトゥーを入れたら
どうですか？
温泉がすき
ですタトゥーも
ありニャ！

【依頼内容】

掃除しても、掃除しても、
気がつけばすぐ部屋が散らかってしまいます。
どうすれば素敵なお部屋で気持ちよく過ごせるでしょうか？

ニーナ　26歳

【調査報告】

だんしゃりという言葉を
しってますか?それがヒントです。

物を
ふやすな!

【依頼内容】

おじいさんになっても続けられるような趣味が欲しいです。
どんな趣味がいいと思いますか？

シー 36歳

【調査報告】

町のきっさ店を
パトロールする。
その町をよく知り
友だちもできるでしょう。

コーヒーのめ
るか
ニャ？

【依頼内容】

家の横がブロッコリー畑からネギ畑になるのですが、
私はネギが大嫌いなんです。
どうしたら良いでしょう？

栗田　36歳

【調査報告】

あなたがネギが大きらいなことと
家の横がネギ畑になることは
かんけいないことです。
気にしなくてもいいです。

あなたの
畑では
ないピョン!

【依頼内容】

欲しいものがありすぎて困ります。
でもミニマリストにもなりたいです。
どうしたら良いですか？

匿名　20代後半

【調査報告】

ワガママです。

ほしいものはかって

友だちのおうちに

おいてもらったらどうですか。

ワガママ

【依頼内容】

都会の道ろに川蟹が落ちていました。
どうしたらいいですか？

かにみそ　38歳

【調査報告】

いるんだなと思って
とおりすぎましょう。

生きてたら
つれてかえって
もよし!

【依頼内容】

最近メルカリにはまっています。
売るものが無くなってきて、
売ってはいけないものに手を出してしまいそうです。
どうすればいいですか？

金三郎　42歳

【調査報告】

うるものがなくなったらメルカリで
何か買って売ればいいと思います。

【依頼内容】

牛乳が大好きで飲みたいのに飲んだらお腹を壊してしまいます。
どうしたらいいですか?

ひーちゃん　44歳

【調査報告】

ぎゅうにゅうへの気もちは
あきらめてください。

とうにゅう
のめ
ば??

【依頼内容】

去年から一人暮らしをしています。
どうしても洗濯物をたたむのが面倒くさいです。
助けてください。

星川　19歳

【調査報告】

せんたくものをたためないと
しょうらいなにもできなくなりま
すよ。(やる気だしてください。)

アイロンも
めんどく
さいニャー

【依頼内容】

食べてもすぐにお腹が空くんですがどうしたらいいですか？

門脇　30歳

【調査報告】

またたべたらいいです。

どんどん
たべろ!

【依頼内容】

健康診断に行ったら肝臓と腎臓の数値が悪かったです。
まだ若いのにどうしたら良いでしょう?

CHR 33歳

【調査報告】

けっかをうけとめましょう。
もうわかくないです。

ほかにも
わるいとこ
ろある!

【依頼内容】

自分がゴミを捨てる日を間違えたことで、カラスに荒らされてしまいました…自己嫌悪で悲しんでいます。励ましてもらえませんか…

ぎゅうにゅう　26歳

【調査報告】

カラスの食事を助けた だけです。
テンションがあがって
食べちらかしてしまったので
悪かったなぁ
とカラスも反せいしているはずです。

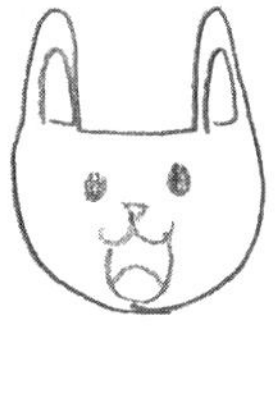

ごみをださない
生活チャレンジ
スタート！

【依頼内容】

朝、1時間ランニングしています。
たまに、ちょびっとウンチを漏らすことがあります。
漏らしたパンツは恥ずかしいので妻に内緒で捨てていますが、
その事を妻にちゃんと伝えるにはどうすればいいですか？

五十鈴　45歳

【調査報告】

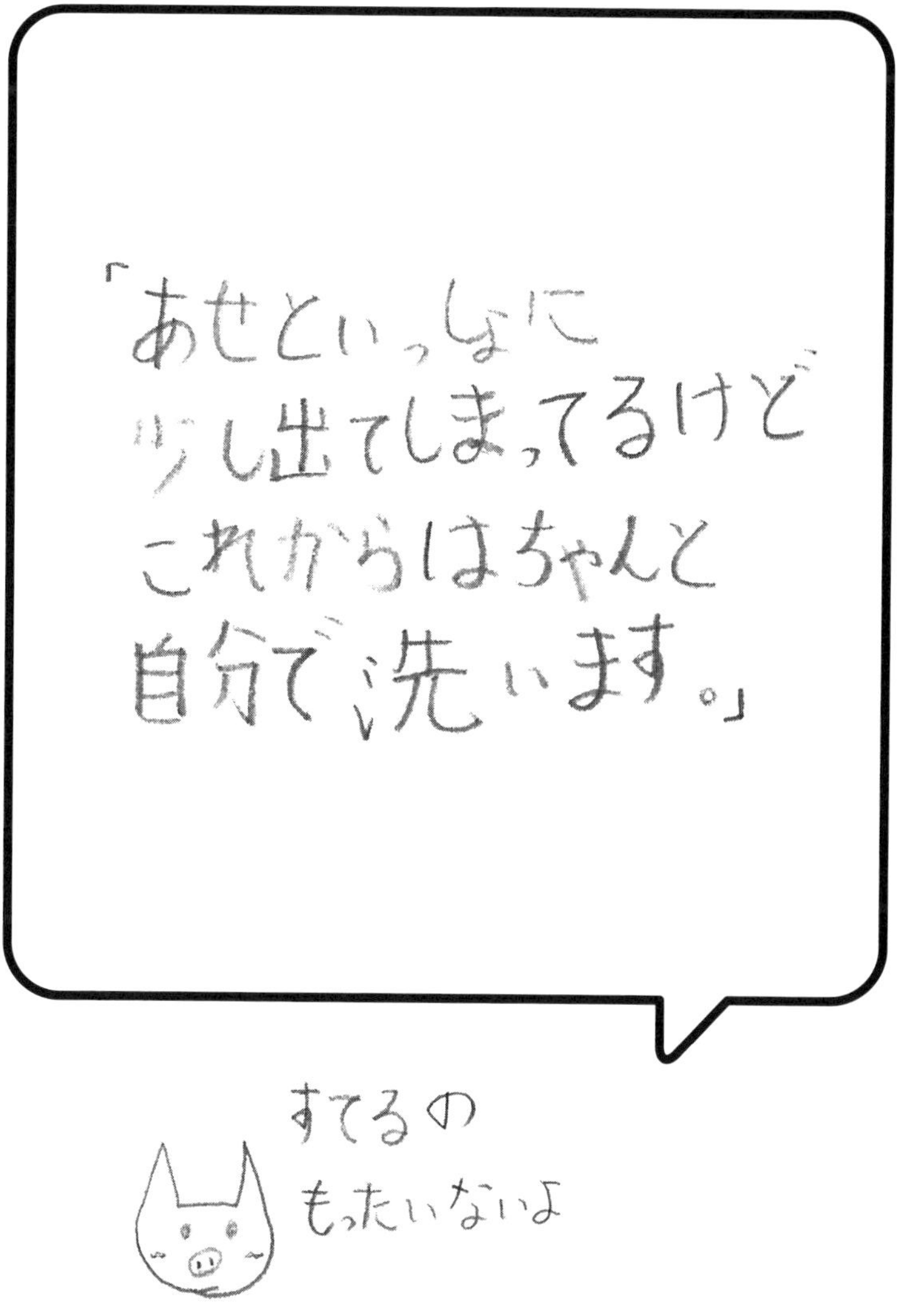
「あせといっしょに
少し出てしまってるけど
これからはちゃんと
自分で洗います。」
すてるの
もったいないよ

【依頼内容】

お家におばけがいるような気がします。
引っ越すか迷ってます、、。

マヨ　26歳

【調査報告】

そんな気がするならいるんだと思います。
いっしょにくらしていけるかしばらく様子を
見てください。

守り神
かもね!

【依頼内容】

冬になると、あったかい布団からなかなか出られず、
いっぱい寝てしまいます。。。
どうすれば布団からすぐに出れるようになりますか？

とっとと寝る太郎　24歳

【調査報告】

お部屋をあたたかくしたらどうですか?

【依頼内容】

授業中に眠くなってしまいます。
絶対に眠くならないためには
どうしたらいいですか??

レモン　17歳

【調査報告】

先生の目を見ること。

ぜったいに目を
とじるなニャー!

【依頼内容】

徒歩5分先のコンビニへ行くことがめんどくさいです。
どうすれば、めんどくさくなくなりますか?

だもだも　22歳

【調査報告】

コンビニがない町にひっこしたら
どうですか?
まわりに何もないところでくらしたら
買い物することをめんどくさいと思いません。

【依頼内容】

牛乳が大好きで、どんな食事の時も牛乳を飲んでしまいます。
どうればいいですか？

メキシカン助　21歳

【調査報告】

べつにいいと思います。
食事を牛乳にあわせましょう。
朝→コーンフレーク
昼→食パン
夜→ミルクシチュー
いかがですか？

おやつは
牛乳プリ
ン！

【依頼内容】

最近タバコをやめました。
その代わりいっぱいご飯を食べてしまい太って身体が動きません。
どうしたら良いですか？

ヒライナ　31歳

【調査報告】

1、どこへ行くにも歩いて行く。
2、動けるデブをめざす。
3、タバコをすう。

【依頼内容】

昼から飲んでます。
どうやったら酒がやめられますか?

アル中女　30代

【調査報告】

ノンアルコールしかのまない。
口にガムテープをはる。
昼ははたらきなさい。

【依頼内容】

ジムに通ってます。筋肉をつけるたびに、
もっとでかくなりたいなどの
新しい目標ができてしまいます。
このままだと僕の終着点はどこになりそうですか？

ポセイドン古谷　23歳

【調査報告】

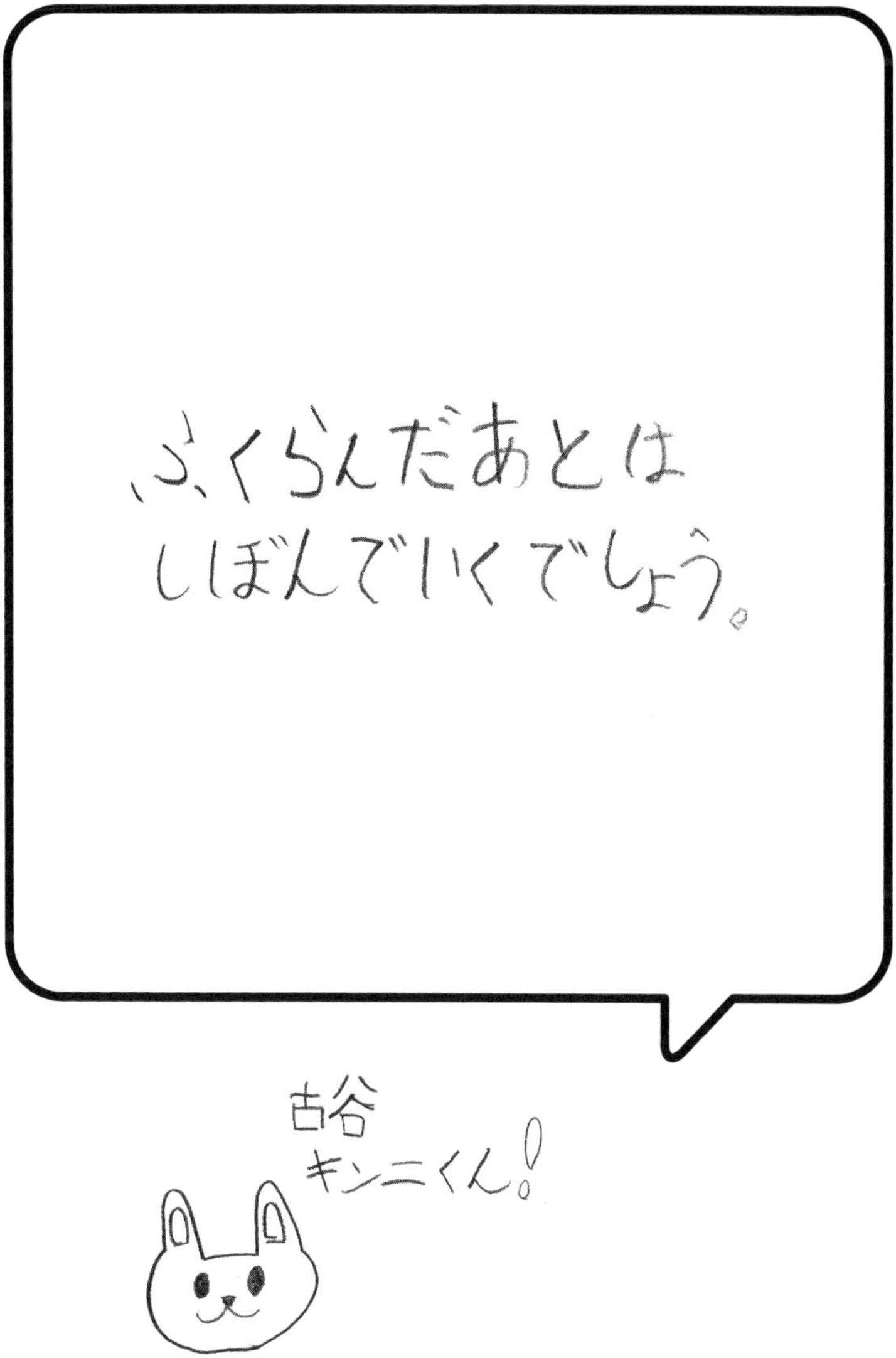
ふくらんだあとは
しぼんでいくでしょう。
古谷
キンニくん!

【依頼内容】

わたしはきゅうりが大嫌いです。
どのくらいきらいかというと親の仇くらいきらいです。
そんなわたしがきゅうりと友だちになる方法が知りたいです。
教えてください。

マキパン　18歳

【調査報告】

小さく切ってなにかにつつんで
食べる。
がんばってもきらいなのでしんゆうには
なれないでしょう。
私もトマトとははなれています。

むりして
友だちに
ならなくても
いいニャー!

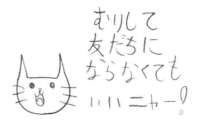

【依頼内容】

夜なかなか寝つけません。

すいみん不足　35歳

【調査報告】

へやをすずしくして
お母さんにとんとん
してもらってください。

ねむれ
ますように
・・・

【依頼内容】

充実した毎日を過ごすために
なにか心がけた方がいいことはありますか？
教えてください。

C1000
19歳

【調査報告】

①1日1回はしぜんをかんじる。
②人を大切にする。
③自分を大切にする。
毎日充実することは
むずかしいです。

けんこうに
も気をつ
けて!

【依頼内容】

タバコをやめたくはないけど
社会的にはやめた方がいいかなと思ってます。
どうしたらいいですか？

ゆいたそ　23歳

【調査報告】

社会的ではなく
体のためにやめたほうが
いいでしょう。

【依頼内容】

最近人の話が頭に入ってこない（理解できない）ことが多くて悩んでいます。

わっちゃー　42歳

【調査報告】

みなさんにいいたいことを
ひとことで言ってもらいましょう。
それでも頭にはいってこなければ
びょういんにいったほうがいいです。

年のせい
かもニャー!

さよたんていからの
逆調査依頼

【依頼内容】

給食当番のとき
おかずを多く入れすぎて
友達にへらしてくださいと
言われます。どうすればうまく
同じ量ずついれられますか？

さよたんてい 11歳

【調査報告】

多いと思う人はもっと食べたいと思っている友達と交換してください、と提案するのはどうでしょうか。私があなたの立場でも全員ぶん同じ量を入れることは難しいです…。

さよたんていの母

その他のいろいろな相談

【調査報告書】 さよふしぎたんていしゃ	依頼人:ダグ USA 依頼人情報:41歳
	調査人：さよたんてい 調査人情報：8歳
	調査日： 6月24日 （ドレミの日）
	調査結果：かいけつずみ

依頼内容

I whatch too many superhero TV show and movies.
Especially the Superman.
How can I stop and become more productive?
僕はスーパーヒーローのTV番組や映画ばかり見てしまいます。
スーパーマンが特に好きです。
どうやったらそれらを見るのを止めて
もっと生産的な人間になれるでしょうか？

あなたがスーパーマンになればいいです。

スーパーマンだってかいしゃで
はたらいてます。

ご依頼いただきありがとうございました！

【調査報告書】

さよふしぎたんていしゃ

太るしかないニャー!。

依頼人:まこちんたんてい　女

依頼人情報:27歳

調査人：さよたんてい

調査人情報：９歳

調査日：　5月20日　　(ローマ字の日)

調査結果：かいけつずみ

依頼内容

胸が育ちません。どうすればいいですか？

（牛乳は毎日飲んでいます。）

たぶんもう育ちません。

ほねは強くなるでしょう。

ご依頼いただきありがとうございました！

【依頼内容】

亡くなった母に会いたくなります。
どう考えればいいですか？

あきこ　29歳

【調査報告】

いつかあえます。
今は楽しく生きてお母さんを
安心させてあげるのがいいと思います。

いつも
みまもって
いるよ!

【依頼内容】

大喜利にハマってるんですが全然ウケません。
自分では思い出し笑いするくらいの仕上がりなのにです。
どうすれば大衆の笑いを得られるのでしょうか。

竹内 39歳

【調査報告】

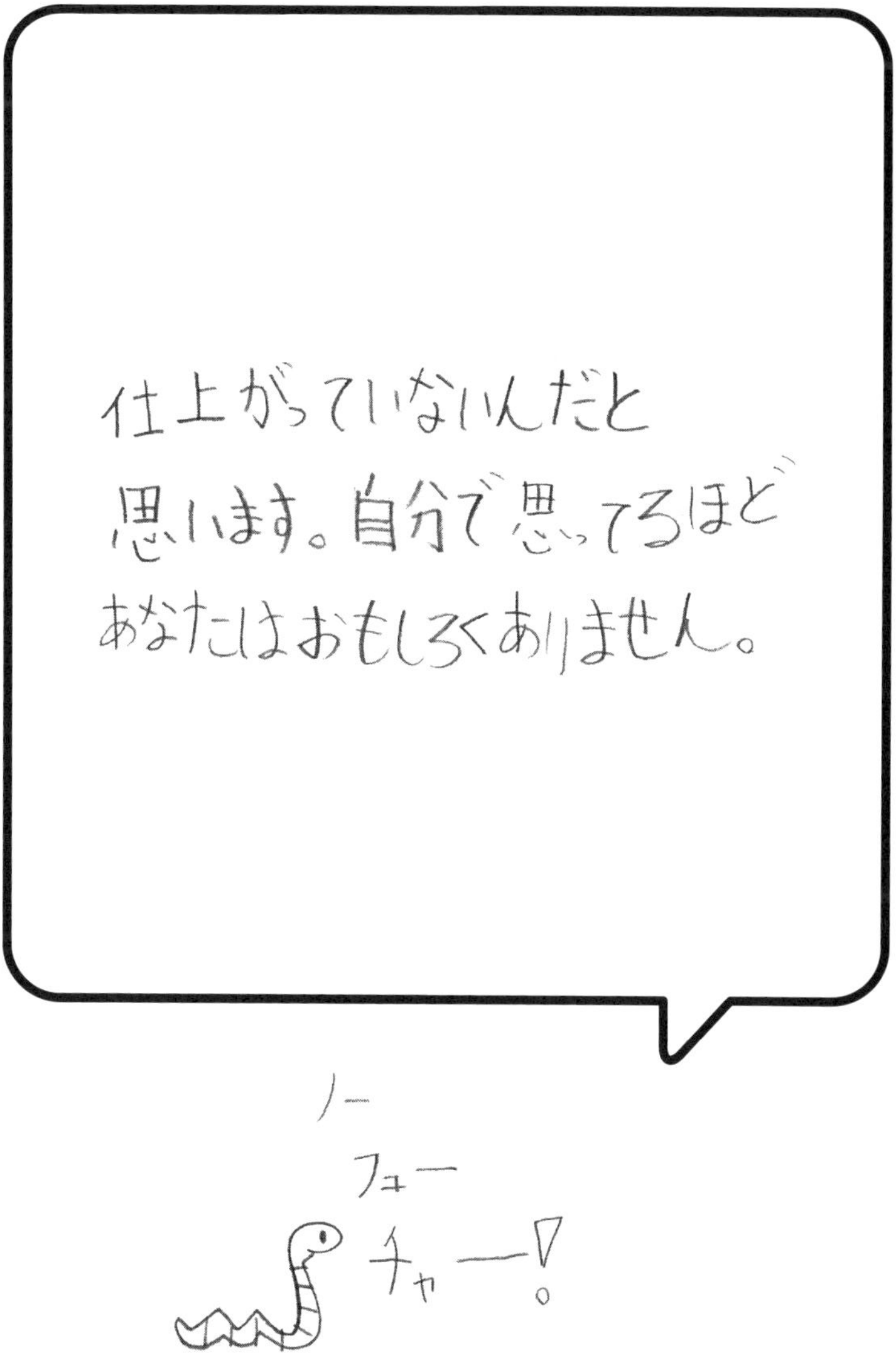
仕上がっていないんだと
思います。自分で思ってるほど
あなたはおもしろくありません。
ノー
フュー
チャー!

【依頼内容】

海水はどうしてしょっぱいのでしょうか。

しょうこ　32歳

【調査報告】

みんながのまない
ようにしょっぱくしています。

のんじゃ
ダメ!

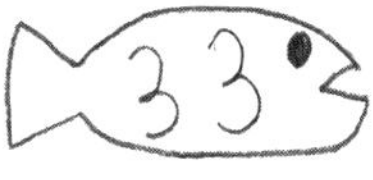

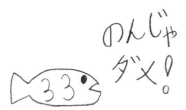

【依頼内容】

悩みがないのが悩みです。
どうしたら良いでしょうか？

高橋　ウィークエンド　38歳

【調査報告】

どうして人はすきかってに
人をころしたりするかなやんで
ください。

なやんだら？

【依頼内容】

25年前の体重と顔に戻りたいです。
お願いします。

島田　?歳

【調査報告】

やせても顔はもどりません。
あたり前です。
（いまのほうがいいかおにきまってます。）

【依頼内容】

虫歯がたくさんあるのですが、
歯医者さんがこわくてなかなか行けないニャー。
どうしたら歯医者さんに行けると思いますか？

みそらーめん　25歳

【調査報告】

そのうち歯がいたくなってくるので
いこうと思えるニャー！

【依頼内容】

最近自分の話が面白くないです。
昔はもっと面白かった気がします。
どうすれば良いですか？

マツバラ　18歳

【調査報告】

気のせいです。
おもしろいでしょ?と
いう話はだいたい
おもしろくないです。

けっかに
コミット
する!

【依頼内容】

好きな漫画の連載が終わってしまいそうで悲しいです。
どんな心構えでいればいいでしょうか。

やま　17歳

【調査報告】

どんなことも
いつか終わりがきます。
その分また新しいことが
始まってあなたのことを
ワクワクさせてくれるはずです。

また新しい
まんがと
出会える

ニャー！

【依頼内容】

反抗期な自分がめちゃめちゃ嫌いなんです。
どーしたら楽になりますか。

えふぉーとおんな　15歳

【調査報告】

反抗した日はカレンダーに
「反抗ww」と書いていきましょう。

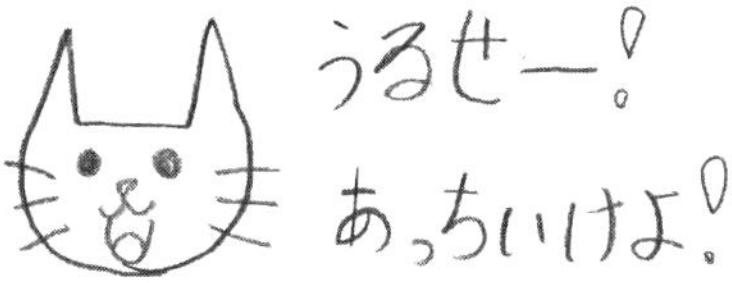

【依頼内容】

身長165cmは欲しいです。
あと2センチどこからもってきたらいいですか？

アフロディーテ　19歳

【調査報告】

たんじょうびがきたら
くびわを一つつけていく。

とりあえず
19本つけて

いいよ!

【依頼内容】

引っ越し後、大好きなテレビ番組の探偵ナイトスクープが電波の関係上映りません。悲しいです。

ゆきっぷ　31歳

【調査報告】

引っこししたらみれなくなりました。
どうしたらみれますか?と
ナイトスクープにおたよりを
だしたらどうですか?

私も
知ってるよ!
みたこと
ないけど!

【依頼内容】

僕は、探偵になりたいどうしたらいい!?

コネン　12歳

【調査報告】

私は最初はお母さんに
いらいしてもらってました。
コネンさんもお母さんに
たんていを始めたといいましょう。
そのうちお母さんが友達とかに
広めてくれるでしょう。

コネン
名たんてい
じむしょ！

【依頼内容】

何でも相談できるすごく尊敬していた人を
亡くしてしまいました。
悲しいのに普通に生活している自分が
許せなくなるときがあります。
普通に生活していいのでしょうか。

匿名　21歳

【調査報告】

かないからふつうに
生活していいんです。
亡くなった人も
それをのぞんでいると思います。

ゆるして
いいよ!

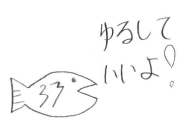

【依頼内容】

長年のコンプレックス解消のため、
整形することを決意しました。
手術日も決めたのですが家族に言えていません。
親からもらった大事な身体ではありますが…
残りの人生容姿のことで
ネガティブな気持ちで過ごすことは絶対嫌で…。
どんな伝え方をすれば、両親を傷つけずに済むでしょうか。
よろしくお願いします。

いっきゅー
25歳

【調査報告】

もっと自分を大切に
できるために、もっと
自分を好きになれる
すがたになりたいです。
と伝えましょう。

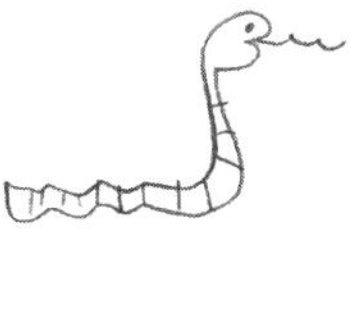

自分を好きに
なったら
もっと両親を
大切に
できる？

【依頼内容】

私はずっと好きだったアイドルがいたのですが
去年突然アイドルを辞めてしまいました。
今は別の事をしていて、これからも応援したいのですが、
いまだにどうして突然辞めたのかよく分からず
悲しくなって応援できません。
どうしたらいいですか？

ヲタク　26歳

【調査報告】

今まではファンのために
がんばっていたけど
これからは自分のために
生きるんだと思います．
おうえんしなくてもいいので
うけ入れましょう。

いいたくない
ことだって
あるよ

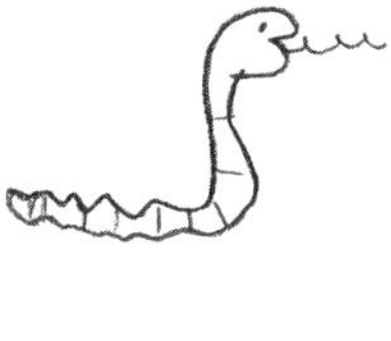

【依頼内容】

なんでも、まぁいっか　と思えるようになりたいです。
でも私にはなかなか難しいので
オススメの方法をおしえてください。

やまだ　23歳

【調査報告】

なんでもお話の最後に
まぁいっかと言ってみる。
そしたらそう思えるように
なると思います。

勉強
しなきゃ…

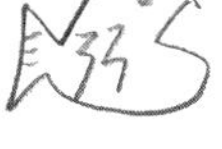

まぁいっか！

【依頼内容】

最近、19年飼っていた猫が亡くなりました。
僕の奥さんは、その悲しみから
なかなか抜け出せない様子です。
どうしたら元気になってもらえますか？

ねねとめいとさばのパパ　50歳

【調査報告】

あなたがねこになってあげましょう。
かっていたねこの一番かわいかった
ポーズで「いつもいっしょだよ」といって
あげましょう。

はずかし
がらないで
ちゃんと
やるニャー♡

【依頼内容】

ぜひお友達になってください

JK　16歳

【調査報告】

よろしくおねがいします。
まずあなたがどういう人か
おしえてください。

何して
遊ぶ?

【依頼内容】

さよたんていのお仕事が忙しすぎて
遊んだり勉強したりする時間が
ないんじゃないかと心配です。

みのまま　?歳

【調査報告】

はやりがおわったので
今は大じょうぶです。
友達と遊んだり
勉強もがんばっています!

心配
してくれて
ありがとう
ございます!

【依頼内容】

楽しい人生にしたいです。どうすればいいですか？

匿名　21歳

【調査報告】

あなたしだいです。

ゆめをもち
ましょう。

【依頼内容】

中学の頃から周りの子は
みんなキラキラ楽しそうにしてるのに、
私は社会人になった今でも、恋人もおらず、
ただ平凡に毎日を過ごしているだけです。
バラ色の人生を歩んでみたかったです。

オレンジ　19歳

【調査報告】

そうみえるだけです。

みんなバラ色の人生なんて
歩んでないです。

平凡こそ
幸せ!

さよたんていからの
逆調査依頼

【依頼内容】

パリに行ってみたいです。
どうやったら行けますか?

さよたんてい 11歳

【調査報告】

この本がめちゃくちゃ売れたらすぐに行けます。

和久田 善彦　編集者

さよへ

２年前の６月にあなたが思いついた「さよふしぎたんていしゃ」という遊びが、とうとう一冊の本として私達の手元に残ることになりました。

あなたは物心ついた時から、一人で7体もの人形を巧みに操りながら人形遊びをしたり、ノートにマンガやお話を黙々と書いたり、どのビー玉が1番遠くまで転がるか実況つきでレースを企画したり、一人で遊ぶことがとても上手でした。そして、そういった遊びには必ずあなたが空想する友達が登場していました。その友達にはちゃんと名前があり、年齢や居住地、人柄などの大まかな設定もあって、まるで実在する人物のように私との会話の中にも頻繁に登場しました。近所に住んでいていつも遊んでいたその空想の友人は、ある日突然ブラジルに引っ越し、その後は何かあるたびに、「〇〇に聞いてみるね」と言って電話をかける(という仕草をする)ようになり、もごもごとよく一人二役で会話をしていました。たまに意見が対立して一人二役で言い争いをしていることもありました。そのうちに、その空想の友人は世界各国を転々とし、最終的には福岡に行き、その後は２人でイルクホテルという名前の高層ビルを経営するという設定になり、そこは最上階にレストランを併設していて、ホテルはその友人が、レストランはあなたが切り盛りしているという話になっていました。従業員がバカンスに出かけるため夏季は全面的に休業になるということで、それはあなたが実際に小学生になって迎えた初めての夏休みにあわせたものでした。

「さよたんてい」という人物も、もしかしたらそうなのかもしれないなと思うことがあります。あなたでありながらも、あなたの中にいる架空人物の一人なのではないかと。ゴキブリが苦手だという悩みに「ゴキブリをたくさん見て慣れましょう」と答えたり、メルカリにハマってしまい売ってはいけないものに手をつけてしまいそうで困っているという悩みに「メルカリで何か買って売ればいいと思います」と答え、ベランダから身を乗り出すと人生が終わってしまう気がする、そんな人生に意味を見出せないという人に「部屋に入るときに人生は続いていると思うから大丈夫です」と答える。そんなあなたの言葉に親である私は驚かされるとともに、あなたが持つ視点の豊かさに気付かされてきました。それは普段、私の目に映っている無邪気で幼いあなたとはまた違う一面でした。

あなたが部屋に「さよふしぎたんていしゃ　どんなおなやみもかいけつされます」と書いた紙を貼ったことからはじまり、元々は親子の日常会話の延長のような往復書簡だった

「さよふしぎたんていしゃ」。私は次第に依頼することが思い浮かばなくなり、毎晩のように「あー今日も依頼がこなかった！つまらなーい！」と遠回しに依頼を催促されることに困っていました。それから、世間話として友人の蓮井さんに話したことがきっかけで、この遊びは我が家の外へ飛び出していきました。探偵業と言いながらも実際は悩み相談になっているため、それなら探偵の仕事のように調査報告書としてお返事したらどうかと私がエクセルで用紙を作り、印刷して手渡し、そこにさよたんていが調査回答を考え手書きするという、それっぽい遊びにしただけの実体のない探偵社です。でも、そんな遊びを面白がっていただけの私の目論見を超越した依頼内容と回答のやり取りがいくつも生まれたのは、あなたが一つ一つの依頼に真剣に向き合い、自分なりに思いを巡らせることを楽しんでいたからだと思います。だからこそ2年も続けることができているのでしょう。

こうやって「さよたんてい」を続けていることはあなたのやる気と努力の成果ですが、それは、あなたの回答にユーモアを感じ取り、あなたの遊びに付き合おうと私の代わりにたくさんの依頼を集めてくださった蓮井さんと、実際に依頼をくださった依頼主のみなさまのおかげでもあります。私は何よりもあなたの遊びに付き合ってくれ、素敵な（そして時に切実な）悩みを相談してくれる人が世の中にこんなにたくさんいるということが嬉しく、親としてあなたの代わりに依頼主のみなさまへこの場を借りて心から感謝の気持ちを伝えたいです。

「さよふしぎたんていしゃ」の調査報告書の内容に私自身これまで楽しませてもらっていますが、そうやって、あなたの言葉が誰かを笑顔にしたり元気づけるきっかけになれているということは、今の11歳のあなたにとってはまだあまり実感できないことかもしれません。そしてあなた自身もこれからの人生の中で、たくさんの人と出会い、進学をして、恋愛をして、依頼主のみなさまの悩みを実際に経験していくのかもしれません。

もしそんな時が訪れたら、その時にどうかもう一度この本を開いてみてほしいなと思います。もしかしたら、この本に出てくる人生の先輩たちのお悩み相談が、どれも普遍的なものだということに気付き、あなた自身もまた「さよたんてい」の言葉にふと心が軽くなるかもしれません。

2021年8月　母より

さよたんていの　おなやみ相談室

2021年9月15日　初版発行

著者　さよたんてい
編集　和久田善彦
装丁・デザイン　藤原幸司(4S DESIGN)
カバーイラスト・漫画　鈴木裕之

発行人　木本敬巳
発行・発売　ぴあ株式会社　関西支社
〒530-0004 大阪市北区堂島浜1-4-4
アクア堂島東館2F
【代表】06-6345-8900
【関西販売】06-6345-9088
【編集】06-6345-9044
ぴあ株式会社 本社
〒150-0011 東京都渋谷区東1-2-20
渋谷ファーストタワー
【大代表】03-5774-5200

印刷・製本　凸版印刷株式会社

ISBN978-4-8356-4632-9